Para los que vinieron a buscar su propia versión del Sueño Americano

Muchas gracias a Anthony Salazar, presidente del Comité Latino de Béisbol, Sociedad para la Investigación del Béisbol Estadounidense (SABR, por sus siglas en inglés), por revisar el texto y las ilustraciones.

Título original: *Béisbol Begins: How Nemesio Guilló Brought Baseball to Cuba*
La traducción al español fue realizada por Alberto Rojas Pinto.

Millbrook Press™
Una impresión de Lerner Publishing Group, Inc.
241 First Avenue North
Mineápolis, Minnesota 55401 EE. UU.

Para consultar los niveles de lectura y más información, busque este título en www.lernerbooks.com.

Diseñado por Danielle Carnito.
Fuente del texto del cuerpo principal: Aptifer Slab LT Pro.
Fuente proporcionada por Linotype AG.
Las ilustraciones en este libro se crearon con Adobe Illustrator y Adobe Photoshop.

Library of Congress Cataloging-in-Publication Data

Names: Olivera, Ramon, 1971– author | Olivera, Ramon, 1971– author illustrator
Title: Los inicios del béisbol : cómo Nemesio Guilló llevó el béisbol a Cuba / Ramon Olivera.
Other titles: Béisbol begins. Spanish
Description: Minneapolis : Millbrook Press, [2026] | Includes bibliographical references. | Audience: Ages 6–10 | Audience: Grades 2–3 | Summary: "When Nemesio Guilló traveled from his home in Havana, Cuba, to school in Alabama, he didn't know he was going to fall in love with a new sport—baseball! Discover how he brought baseball to Cuba. Now in Spanish"— Provided by publisher.
Identifiers: LCCN 2025049719 (print) | LCCN 2025049720 (ebook) | ISBN 9798348051761 paperback | ISBN 9798348051983 epub
Subjects: LCSH: Guilló, Nemesio—Juvenile literature | Baseball—Cuba—History—Juvenile literature | Baseball players—Cuba—Biography—Juvenile literature | LCGFT: Biographies
Classification: LCC GV865.G835 O5818 2026 (print) | LCC GV865.G835 (ebook) | DDC 796.357092 [B]—dc23/eng/20260127

LC record available at https://lccn.loc.gov/2025049719
LC ebook record available at https://lccn.loc.gov/2025049720

ISBN 979-8-3480-6664-2 (lib. bdg.)

Fabricado en Estados Unidos de América
1-1013312-60607-11/7/2025

Los Inicios del Béisbol

Cómo Nemesio Guilló llevó el béisbol a Cuba

RAMON OLIVERA

TRADUCIDO POR **ALBERTO ROJAS PINTO**

M MILLBROOK PRESS • MINEÁPOLIS

EN 1858,
en la isla de Cuba,
en la ciudad de La Habana,
vivía un joven llamado Nemesio.

Nemesio vivía con su madre, su padre y su hermano mayor, Ernesto. Su familia era dueña de una próspera fábrica de azúcar. En aquellos días, algunas familias adineradas enviaban a sus hijos a estudiar al extranjero. Los padres de Nemesio decidieron enviarlo a él y a Ernesto a estudiar a Estados Unidos.

Los jóvenes prepararon su equipaje, se despidieron de sus padres y zarparon por el Golfo de México.

TENESÍ
CAROLINA DEL SUR
ARKANSAS
MISISIPI
ALABAMA
GEORGIA
OCÉANO ATLÁNTICO
TEXAS
LUISIANA
MOBILE
FLORIDA
ISLAS BAHAMAS
GOLFO DE MÉXICO
HABANA
CUBA
JAMAICA
MÉXICO
BELICE
MAR CARIBE
GUATEMALA
HONDURAS
EL SALVADOR
NICARAGUA
N
O
E
S

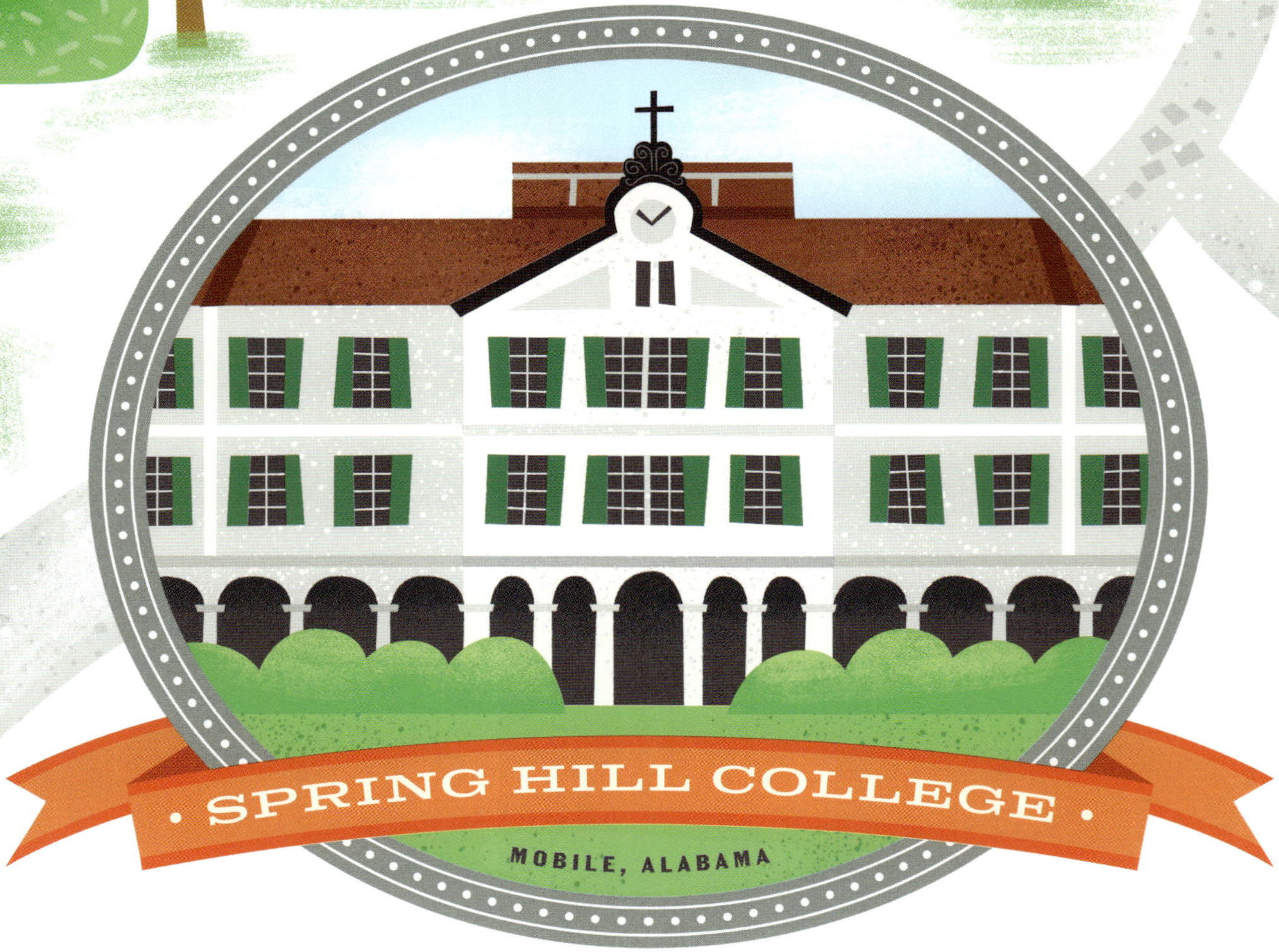

Nemesio tuvo que adaptarse a muchas cosas en Estados Unidos.

El idioma era diferente.
La comida era diferente.
Y a veces hasta los deportes eran diferentes.

Cuando Nemesio y Ernesto llegaron a Estados Unidos, un deporte llamado *béisbol* se estaba haciendo popular.

¡Nemesio nunca había visto algo semejante! Los jóvenes observaban atentamente cuando los jugadores se reunían para un partido.

El lanzador arrojaba una oscura pelota de cuero hacia la base del bateador.

El bateador abanicaba, impulsando la pelota por el campo interior.

Un jardinero se apresuraba para recogerla y lanzarla al receptor.

El corredor avanzaba a toda velocidad . . .
Alrededor de las bases . . .
Cruzando la base del bateador . . .

A los gritos de "¡Hurra, hurra, hurra!"

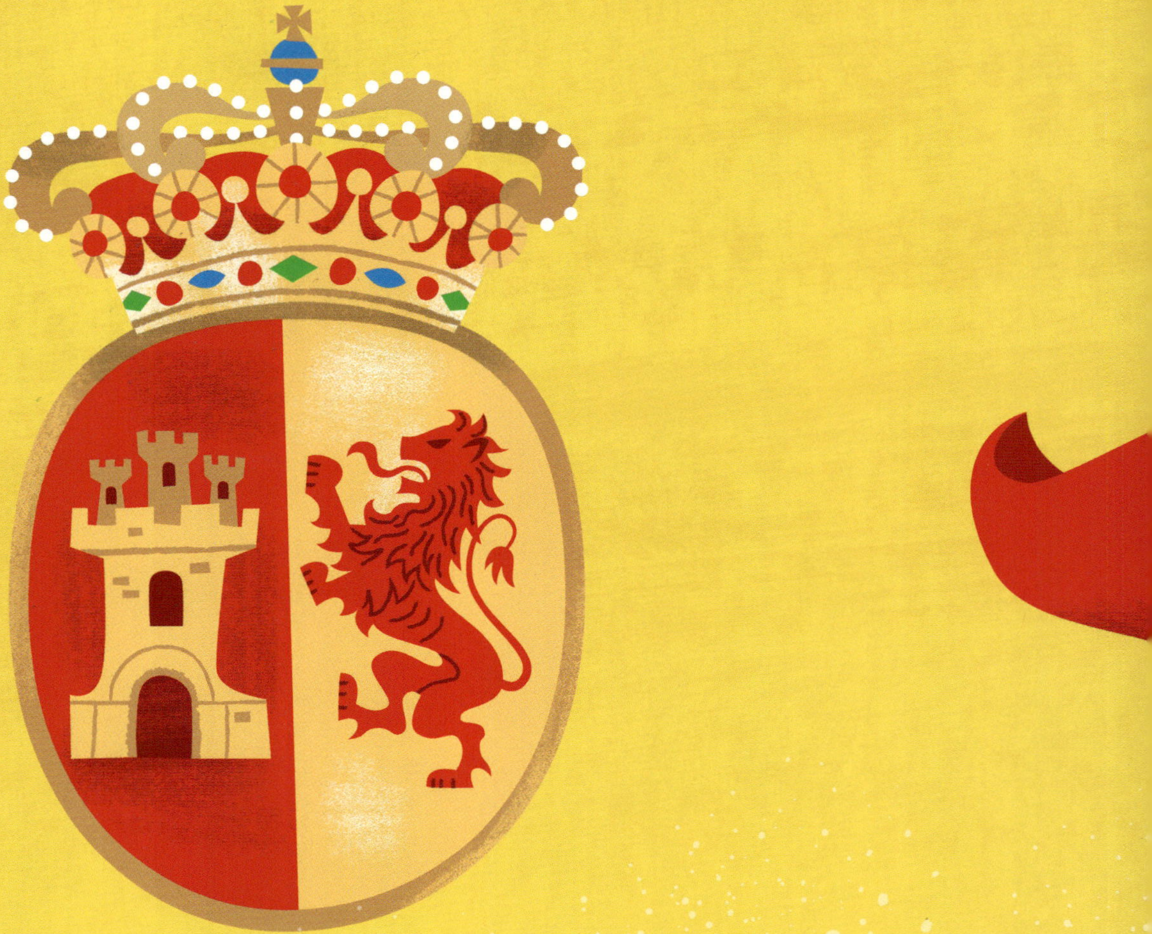

Nemesio soñaba en formar algún día un equipo en Cuba. Pero, se preguntaba, ¿permitiría España alguna vez que se jugara algo así allá?

Cuba, conocida como la Perla de las Antillas, aún era una colonia de España. Los gobernantes españoles esperaban que el pueblo cubano siguiera las costumbres españolas, como las corridas de toros.

Las corridas de toros eran un deporte violento donde el matador era un equipo de una sola persona. Él provocaba, esquivaba y daba estocadas al animal cuando este cargaba contra él. La lucha terminaba cuando el matador, con su capa y espada en la mano, mataba al toro con una estocada final.

Los cubanos creían que las corridas de toro
eran crueles y una costumbre anticuada.

¡El béisbol, sin embargo, era nuevo y emocionante!

Los jugadores trabajaban en equipo.
Los equipos eran parejos.
Las reglas eran justas.

Nemesio creía que este nuevo deporte reflejaba mejor el espíritu del pueblo cubano.

Nemesio y su hermano estudiaron durante seis años en Alabama. Cuando llegó el momento de regresar a Cuba, los hermanos prepararon su equipaje y Nemesio incluyó un souvenir especial de Estados Unidos hecho de madera.

Un barco de vapor llevó a Nemesio y Ernesto desde Alabama, a través del golfo, hasta su hogar en La Habana. ¡Los jóvenes estaban ansiosos por compartir todo lo que habían visto y hecho!

Nemesio abrió su baúl para revelar el preciado tesoro que había adquirido en Estados Unidos:
un bate de béisbol.

¡El primer bate de béisbol en Cuba!

Con el bate en la mano, Nemesio reunió a sus amigos para enseñarles todo sobre este nuevo deporte. No tenían suficientes jugadores para formar equipos completos, por lo que tuvieron que idear su propia manera de jugar, pero no importaba.

Abanicaban y golpeaban la pelota.
Corrían y lanzaban.
Atrapaban y marcaban.

Si una pelota caía en el jardín. ¡Una base!

Si llegaba más lejos. ¡Un doble!

Si una pelota era atrapada al caer de un árbol. ¡Estás fuera!

Cada vez más peloteros se unían a Nemesio para jugar béisbol.

Para 1868, él había ayudado a formar el primer equipo de béisbol en Cuba: el Habana Béisbol Club.

El equipo enfrentó de inmediato un problema. No había ningún otro equipo de béisbol en la isla contra el cual poner a prueba sus habilidades. Sin un oponente, ¿cómo podrían ser un equipo de verdad?

Cuando se supo que una tripulación de marineros estadounidenses había recalado en la ciudad puerto de Matanzas, viajaron hasta allá para desafiarlos a un partido.

Durante nueve entradas completas,

Abanicaron y golpearon la pelota.
Corrieron y lanzaron.
Atraparon y marcaron . . .

. . . ¡hasta que el Habana Béisbol Club salió victorioso!

Nemesio y sus compañeros de equipo finalmente
eran un equipo de béisbol de verdad.

En los años venideros, el béisbol se expandió por Cuba como un huracán. Pero las autoridades españolas miraban al béisbol con gran recelo.

Los bates eran considerados armas.
Los peloteros eran potenciales rebeldes.
El béisbol se convirtió en una amenaza para las autoridades españolas.

El gobernador español prohibió que el deporte estadounidense se jugara en Cuba.

Durante años, las tensiones aumentaron entre el pueblo cubano y las autoridades españolas. El gobierno se aprovechaba de los cubanos e intentaba controlar sus vidas. Los cubanos creían que era injusto que tuvieran tan poca influencia en cómo se gobernaba su país.

Los cubanos ya no soportaban vivir bajo el yugo de España. En 1895, iniciaron una revolución. Había comenzado la Guerra de Independencia de Cuba. Pero España no iba a renunciar a la joya de su corona tan fácilmente.

Estados Unidos se unió a la guerra del lado de los cubanos. Con la ayuda de Estados Unidos, España fue rápidamente derrotada y expulsada de Cuba.

Cuba obtuvo su independencia en 1902.

Y gracias a Nemesio y a su bate, el béisbol se convirtió en el deporte nacional de Cuba.

ADOLFO LUQUE
PITCHER
MINNIE MIÑOSO
REDS
24
TONY PEREZ
A
A
RAFAEL ALMEIDA
Monarchs
JOSÉ MÉNDEZ
KANSAS CITY MONARCHS
HABANA
H
MARTÍN DIHIGO
ESTEBAN BELLÁN
Troy
CRISTÓBAL TORRIENTE
ARMANDO MARSANS

MÁS SOBRE LA HISTORIA DE CUBA

La historia de la relación entre España y Cuba se remonta a muchos siglos atrás. Desde el primer viaje de Cristóbal Colón al continente americano en 1492, España participó activamente en la colonización del Caribe, así como de América del Norte y del Sur. España declaró a Cuba como colonia en 1511. En un plazo de cien años, prácticamente toda la población indígena de Cuba había desaparecido debido a la violencia, el trabajo forzado y las enfermedades. Los españoles trajeron entonces esclavos africanos y los obligaron a trabajar en las plantaciones. Durante los siguientes siglos, Cuba se convirtió en una de las colonias más rentables del mundo. El fértil suelo de la isla era ideal para el cultivo de productos como el azúcar y el tabaco, que generaban grandes riquezas para España. Además, el puerto natural de La Habana daba a España una ventaja en el transporte marítimo. Para finales del siglo XIX, España había perdido casi todas sus demás colonias americanas a causa de los movimientos independentistas. Sin embargo, se aferró con fuerza a Cuba.

Aunque la colonia era próspera, sus ciudadanos no recibían un trato justo. Los cubanos debían pagar impuestos elevados. Carecían de representación en el Gobierno. La corrupción y las promesas incumplidas de los españoles empujaron a los cubanos a la rebelión.

La Guerra de Independencia de Cuba estalló en 1895. Los rebeldes cubanos comenzaron a desgastar a los españoles con una guerra de guerrillas. Los españoles respondieron con pelotones de fusilamiento y campos de concentración (reubicando a un tercio de la población). La explosión del buque de guerra estadounidense USS Maine en el puerto de La Habana, atribuida a España, llevó finalmente a Estados Unidos a unirse a la guerra en 1898. La guerra hispano-estadounidense, como se llamó entonces, terminó unos meses más tarde con la derrota de España. Estados Unidos ocupó Cuba durante tres años y le concedió la independencia en 1902.

Los cubanos que huyeron de la guerra llevaron el béisbol a otras partes de América Latina, como Puerto Rico, Venezuela y la República Dominicana. Ya en la década de 1870, algunos cubanos jugaban al béisbol profesional en Estados Unidos.

En la primera mitad del siglo XX, muchos cubanos se convirtieron en estrellas de las Grandes Ligas y de las Ligas Negras. Jugadores de Estados Unidos también participaron en la liga cubana de invierno, lo que creó más vínculos entre los dos países a través del amor compartido por el deporte.

En 1959, Fidel Castro se convirtió en el líder de Cuba y, en los años siguientes, se estableció como dictador. Castro no permitía que la gente se expresara abiertamente ni saliera del país con libertad. También prohibió los deportes profesionales en Cuba, incluido el béisbol. Castro solo permitía el béisbol amateur, en el que los jugadores no podían recibir dinero. Esto hizo que muchos jugadores se sintieran descontentos. Desde entonces, muchos beisbolistas cubanos talentosos han venido a Estados Unidos para seguir una carrera en las Grandes Ligas de Béisbol.

MÁS ACERCA DE NEMESIO GUILLÓ

Los historiadores no conocen muchos detalles sobre los primeros años de vida de Nemesio, pero los registros indican que tenía once años en 1858 cuando llegó a Mobile, Alabama, para asistir a Spring Hill College. El béisbol experimentó un auge de popularidad en los Estados Unidos a mediados del siglo XIX, difundido en parte por los soldados que lucharon en la Guerra Civil estadounidense (1861-1865). Tanto Nemesio como su hermano Ernesto ayudaron a popularizar el deporte en Cuba cuando regresaron a casa.

La primera liga profesional de béisbol de Cuba se creó en 1878. Aunque Ernesto ya se había retirado del deporte para entonces, Nemesio continuó jugando hasta alrededor de 1893. Según los registros, él jugó en segunda base, como campocorto y en el jardín derecho. Después de su carrera como beisbolista, trabajó como contador. Falleció en 1931 y fue incluido en el Salón de la Fama del Béisbol Cubano en 1948.

BIBLIOGRAFÍA

Bjarkman, Peter C. *Cuba's Baseball Defectors: The Inside Story*. Rowman & Littlefield, 2016.

Bjarkman, Peter C. *A History of Cuban Baseball, 1864–2006*. McFarland & Company, Inc., 2007.

Burgos, Adrian. *Cuban Star: How One Negro-League Owner Changed the Face of Baseball*. Hill and Wang, 2011.

González Echevarría, Roberto. *The Pride of Havana: A History of Cuban Baseball*. Oxford University Press, 1999.

Pi, Guillermo. "Nemesio Guilló Fué Quien Trajo a Cuba el Primer Bate y la Primera Pelota" en: *Diario de la Marina*. Havana, Cuba, January 6, 1924.

BANDERAS

Cuba

España

Estados Unidos de América